Épître en patois

Les Habitants de Gérardmer ; M. Pottier

Rêmiremont, 1866

Édition : BoD · Books on Demand, 31 avenue Saint-Rémy,
57600 Forbach, bod@bod.fr
Impression : Libri Plureos GmbH, Friedensallee 273,
22763 Hamburg (Allemagne)
ISBN : 978-2-3225-7022-5
Dépôt légal : Mars 2025

ÉPÎTRE EN PATOIS

ADRESSÉE
PAR LES HABITANTS DE GÉRARDMER
À S. EXC. LE MINISTRE DE L'INTÉRIEUR
EN 1809
COMPOSÉE PAR M. POTTIER,
CURÉ DE CETTE COMMUNE.

NOTICE.

Au commencement de ce siècle, la France nouvelle que la révolution de 1789 avait faite se constituait, et la statistique s'appliquait à en dénombrer toutes les forces et les richesses pour apprendre à les développer. On avait compris que, par ses recherches et par ses chiffres, cette science, à peine créée, est un des éléments de la puissance et de la prospérité d'un état ; rien n'échappait à ses études, à ses investigations.

Or, comme la variété des dialectes parlés en France avait appelé particulièrement l'attention des linguistes, on voulut se rendre un compte exact de cette diversité. Les travaux de la philologie française antérieurs à ce siècle sur les dialectes parlés chez nous du nord au midi étaient trop systématiques, ou trop incomplets, ou faits sans vue d'ensemble ; la science ne pouvait en accepter les conclusions.

C'est alors que l'on conçut peut-être l'idée d'un labeur immense qui consistait à réunir de tous les points de la France des échantillons de tous nos patois et dialectes ; on pensait sans doute avec raison qu'une étude comparative pourrait en faire sortir des faits scientifiques. Que cette pensée ait été entrevue avec ses conséquences d'une façon plus ou moins complète, toujours est-il que M. Coquebert Montbret, chef du bureau de la statistique, au ministère de l'Intérieur, fut chargé de demander, par voie officielle, à tous les Préfets et Sous-Préfets de l'Empire des notices sur le langage des diverses populations du pays avec des pièces originales de leur littérature. L'envoi fut fait, mais il ne paraît pas qu'il ait servi à un travail quelconque d'analyse ou de synthèse sur nos patois.

Néanmoins le ministère possédait dans ses cartons une masse de documents précieux. On les voit employés, sous la restauration, mais sans indication de source, à grossir les *Mémoires de la Société* des antiquaires de France. *Plus tard M. Coquebert* Montbret lui-même les reprend dans cette collection archéologique pour en former un volume in-8°, qui, outre la traduction de la *Parabole de l'enfant prodigue* dans presque tous les patois de la France, contient quelques glossaires particuliers, des observations, des études spéciales sur nos dialectes, dont plusieurs sont dues aux correspondants de la *Société des antiquaires* ; mais, il faut le dire, le texte du patois est, en général, si étrangement défiguré par les copistes ou par les imprimeurs, qu'il est impossible d'en tirer un parti réellement sérieux.

Ces archives littéraires et linguistiques, qui auraient pu servir à une vaste enquête, sont malheureusement incomplètes. Nous ayons pu nous en assurer sur une copie exacte que possède M. Burgaud des Marets, en 4 volumes in-folio. Il y a nombre de pièces absentes ; quelquefois il ne reste pas même de trace de la correspondance des préfets de certains départements avec le Ministre de l'Intérieur au sujet des questions qui leur étaient posées.

Quelle que soit la cause de ces disparitions, nous n'en avons pas moins à déplorer, pour notre part, la perte complète des documents qui concernaient les patois de la Lorraine. Les préfets de notre province ont assurément répondu ; mais leurs envois, leurs lettres même qui devaient renfermer des pièces importantes, font défaut dans cette belle collection. Ces papiers curieux ont été prêtés sans doute, distribués entre les mains des amateurs et si bien égarés définitivement qu'il n'y en pas le moindre vestige dans les archives dont nous parlons. La Lorraine semble n'avoir pas existé pour la statistique des dialectes entreprise en 1806 et dont les travaux durèrent cinq ou six ans.

Nous sommes porté à croire que l'*Épître des habitants de Gérardmer* faisait partie des documents envoyés par le Préfet des Vosges. Outre que la date de 1809 nous est donnée par un manuscrit fait du temps de l'auteur, le début même de la pièce nous en donne la preuve. Ce premier vers « Votre Excellence est bien aise de savoir comment on parle à Gérardmer » ne peut-être qu'une réponse à une question posée, et il est probable que c'est au curé Pottier que le Sous-Préfet de l'arrondissement avait communiqué la demande du ministre.

M. Pottier répondit d'une façon remarquable qui restera, nous le croyons, comme un témoignage historique de l'état de Gérardmer et des mœurs des habitants au commencement de ce siècle. [1]

Telle est, pour nous, l'origine de cette si curieuse épître. Nous sommes également persuadé que M. Pottier dut ajouter à son envoi la *Parabole de l'enfant prodigue*, parce que cette traduction était demandée par le bureau de statistique, et que nous possédons un ancien manuscrit, fait à Gérardmer, contenant seulement l'Épître et la Parabole. [2]

Nous avons insisté sur cette origine, parce qu'il y a une tradition et des manuscrits qui témoignent que l'Épître a été adressée à l'Impératrice Joséphine le 25 juillet 1809, à Plombières. Celle-ci est-elle antérieure à l'autre. Les archives eussent pu nous le dire ; mais les pièces probantes n'y existent plus. Nous avons toutefois des conjectures assez puissantes pour soutenir notre assertion.

L'*Épître* en effet répond à une question venue de haut lieu, et on sent que l'auteur a saisi une bonne occasion pour exposer à un ministre tout-puissant les moyens de venir en aide aux *pauvres ouvriers* de Gérardmer. Elle a donc une double raison d'être. À quoi au contraire eut pu servir une pétition en patois à bout portant à l'Impératrice ? En quoi l'eût intéressée une description inintelligible pour elle, même avec une traduction ? Nous comprenons que, dans sa curiosité, elle ait voulu entendre le chef d'une députation d'une commune lointaine lui parler son singulier patois. Et c'est ce qui arriva. M. Pottier, se rendant à son désir, lui adressa un compliment en vers qui a été réellement débité à Plombières et qui est cousu à l'*Épître* dans un manuscrit, que nous possédons, de la main même de l'auteur. Il n'est pas possible que Joséphine ait subi la lecture de cent vingt-six vers d'un langage incompréhensible. M. Pottier, dans sa nouvelle rédaction a remanié l'Épître au Ministre et y a rattaché des compliments à l'Impératrice à laquelle il la présentait. Cette copie n'est assurément que la seconde forme de l'Épître.

Bien qu'il en ait été répandu quelques exemplaires manuscrits, nous pouvons affirmer qu'elle est presque inconnue des Vosgiens [3]. Jusqu'à ces derniers jours même nous croyions que cette pièce était inédite, qu'on n'en avait du moins publié qu'une trentaine de vers dans un ouvrage sur les Vosges. Le hasard seul vient de nous la faire dé-couvrir tout entière dans le tome IV (2ᵉ série) des *Mémoires de la Société des antiquaires de France*, (année 1835). Elle avait été envoyée par M. Richard, de Remiremont ; mais elle est restée si obscurément enterrée dans cette collection que personne ne l'a citée jusqu'à présent, que nous sachions [4]. M. Richard lui même qui a pris soin de réunir en deux volumes tous les opuscules qu'il a publiées et renvoie souvent à ses divers travaux, ne cite nulle part cette Épître si pleine d'intérêt ou n'y fait pas allusion.

C'est donc avec surprise et plaisir que nous l'avons rencontrée. Notre plaisir toutefois n'a pas tenu devant les fautes manifestes de l'éditeur ou du typographe. Outre que M. Richard la croit, mais à tort, composée en 1812, son texte patois est loin d'être irréprochable, et la traduction jette parfois dans d'étranges erreurs [5]. Fautive, ignorée et sans commentaires, cette publication était et est encore comme non avenue.

Aussi nous croyons qu'une édition nouvelle, faite sur des documents authentiques, accompagnée de notes et destinée aux Lorrains, peut-être utile à l'histoire du pays et à l'étude du patois. Avant de connaître celle de 1835, qui ne nous confirme que mieux dans notre pensée, nous nous plaisions un jour à annoncer que cette œuvre ne périrait pas ; notre espoir en est encore plus certain car nous la confions à la *Société d'archéologie Lorraine.* [6]

OBSERVATIONS SUR LA PRONONCIATION.

L'apostrophe remplace toujours la lettre *e* ; elle est destinée à faire sonner la consonne sur laquelle elle s'appuie.

H est toujours aspirée, mais elle procède plutôt du palais qué du gosier.

IN est une nasale particulière à la Lorraine ; il est impossible d'en noter la prononciation.

Le son représenté par *o* est toujours bref, comme dans abric*o*t ; celui qui est représenté par *ô* se rapproche un peu de l'*a*.

Le son représenté par *è* est bref comme dans paqu*e*t.

YE (yeu) est une syllabe féminine qui corres pond à notre *ille* : Knô*ye*, quenou*ille*. Nous écrivons *y'* devant une consonne, quand cette muette ne doit pas compter dans le vers.

Y, entre deux voyelles, se prononce toujours séparément comme dans *payen* ; il fait l'office d'une consonne.

Y nous a servi dans quelques cas particuliers pour mouiller la consonne qui le précède. Il n'est alors qu'un signe, à défaut d'autre plus connu, pour indiquer que la consonne qu'il affecte est modifiée dans sa prononciation, comme, par exemple, *e* dans « il mang*e*a », et la cédille dans « il lança ». Ainsi le *d*, le *t* etc., suivis d'un *y*, deviennent en style d'école *dieu*, *tieu*, etc. : *polyi*, partir, ne peut s'écrire intelligiblement dans notre langue sans une convention ou une explication préalable ; *y* mouille *t*, *d*, comme *i* mouille *l* ou *ll*.

Nous écrivons *dès*, *nos*, au lieu de *dè*, *no*, quand il faut faire sonner *s* devant une voyelle ; de même *bé*, bien, devant une consonne et *bé-n* devant une voyelle pour faire sonner *n* sur le mot qui suit.

En général, nous nous sommes attaché à n'introduire dans le texte aucune lettre qui ne se prononce. Nous avons fait exception pour la conjonction et pour un très-petit nombre de mots que l'on reconnaîtra facilement.

ÉPÎTRE EN PATOIS

**Adressée par les habitants de Gérardmer à S. Exc.
M. le ministre de l'Intérieur, en 1809, composée
par M. Fottier, curé de cette commune.**

1

Seigneur, vot' Excellence o bé-n ah' de sooue
Inoq o prôche è Girômouè.
Et je lo son tan bé de povo dire ènn' foue
Que de mèt' Français è n'î pouè.

2

Vos ollè cét' trovè grôssi not' Girom'hèye.
Mâ fau bé possè, Monseigneur,
Q' not' sentimo vau mè, q'el o quéq' peu pi bèye,
Et q' not' longue en' vau mi not' cœur.

3

E n'î po l'empereur ré d'mèt' que neu montaine.
　　E n'î pohène, ou ç'no ré d'li,
Q' o r'nôtesse jemâ quéque peute trouaine.
　　Oh ! d'hè li q'je n'prého ré d'pi.

4

To quan q'fau dè soudar, j' non mi évi in r'belle.
　　E n' fau pouè d'gendarme toci
Po fâr potyi au jo terti co qu'o-z épelle :
　　El o von et n'déserto mi.

5

Je n' son mi bé hostou, vo lo pô bé sooue ;
　　Je n'on mi dou procès par an.
Neu contribution èss' péyo bé tocoue ;
　　L'an-ci j' n'on èvi q'in sorjan.

6

Je fron steu bé d'vo dir' po in peu pi vo piare,
　　Çou q'ç'o do péï ci, çou q'ç'o
D' not' foçon de viquè qu'o extraordinare.
　　Je lo diron dô not' prôch'mo.

7

Je d'mouro dô lé Vôge et dô in fameu léye.
　　Ouss viss què ç' seusse, o lo sè bé,
Se ç'n'ir' de Girômouè, steu co quéq' peu Nancéye,
　　Lè Lorraine èn' serô cét' ré.

8

S'o voiyin, Monseigneur, tan de pir, tan de reuche,
　　Q' èvodo slè je son spandi,
Et s'o no voiyin fâre in fremége ou dé peuche,
　　O ! vo s'ré cét' bé-n ébaubi.

9

Je féyo not' canton, j'non q' in quiré, q' in mâre,
    Et nos on troze section.
E fau bé pi d'in jo è çôlo q'vouron fâre
    Lo tô dè dèrére môhon.

10

E 'n î mohôvorou, tot au mon heuy' cen deuze ;
    Quéqu' ène è douz oure de lan.
Préq' to potyo (ç'o cét' ènn' bé mah cheuse)
    Lo léye o rèle et bé méchan.

11

O-z o chèp' co bé-n ah', dô q'o son è l'onaye.
    Mâ dô lè nôge è fâ mou mâ
Rollè, quéq' peu chôgi, po drohô lè montaye.
    E fau pourtant, piâ ou non piâ.

12

O ! cét je son pi d'mille et nonante et cin mâte ;
    Ç'o euyt' cen septante et dou tô.
Po lo villége è nî trô cen quarant' quoéte âte ;
    Ç'o dou cen cinquante heuy' chéseau.

13

Nos on trô bôle mô et co trobé dè chaume
    Q'ètiro trobé dè quiriou.
El y v'no pou couéri dès erbe q'son dè baume,
    Et dô q' è 'n on, è son èvrou.

14

Lè gran, dô q'è fâ chau, aimo d'boure è lè guiesse ;
    El on do mau po lè vodiè.

Et no, évô pohi, dô lè pi gran soh'resse,
    J' 'n on in grô n'vô dô in potyè.

15

Je n'son cét' mi bé lan de quoét' mil sè cen tête ;
    Et nos on, po viquè terti,
Lè vèhelle, lè pouhe, et lè tôle, et neu bête :
    Lè terre o bé lan d'no néri.

16

Et dô qu' è n' î pi d'noge, o sohelle, o brossie ;
    Ç'o èdon q' lo mou d'mâ ervé.
Je son trobé quoy'tou po lo prè, lè fouyie,
    Et po-z euvrè lo beu d'èoué.

17

Lè fôme è soin do birr', do stôye et do lacéye,
    Et neu èfan dev'no pouhar.
Eprè q'lè b'sogne è fâta et qu'o chauff' lo fonéye,
    E 'n î trobé qué son tounar.

18

E 'n î trobé-n aussi qué n' pon q'filè lou knôye ;
    Et dès aute euvro lo bohon
Po dè solè, dè boéte ou quéque aute erquebôye ;
    E féyo terti ce qu'è pon.

19

El î co ène aut' cheuse èto d'què o s'ertône :
    Neu fôme féyo do solin.
Ç'o po lo péï ci èn' cheuse q'o bé bône.
    Lè fôme é s'lè po so tréyin.

20

El î dè peure gen que toté lè jonâye
En' féyo ré que do cherpi.
Ç'o in mouyè d'viquè que n' èré q' èn' binaye :
Eprè lè guerre o n'o fron pi.

21

Not' andru o bé kni, surtou po lo fremége.
Je vourô mou v' s o perzotê,
Inoq dô lo vî to, neu père, è lou longuége,
D'non è lou prince dé solè.

22

V'lè-vo qu'no vo lo d'hê ? Lé keblar, lé moutréye,
Q' è 'n î don tan évô pohi,
On terti b'so do beu pou lou véche, loti m'téye ;
Et ç'o tolo qu'è son spéni.

23

On vo dè beu an grô, po-z o fare dè piainche ;
Et volo d'ouss que lo mau vé.
O n'o pi obteni ne po cô, ne po mainche.
E n' î qu' è rèh' q' cè fâ do bé.

24

E v'lo fourni lou seg, et no, peures euvréye,
Je n'on ré po guégni do pain.
Oh ! créyè, Monseigneur, q'no ravo bé dé néye
E mouyé d'èn' mi mouéri d' faim.

25

Oh ! s'o v'lè détéyi è chèquin dès euvréye
Dès abe ossè po su défri,
Piteu que d'lè lèhi è strainge mochoquéye,
O viqrô bé, o n' piandrô pi.

TRADUCTION LITTÉRALE.

1. Seigneur, votre Excellence est bien aise de savoir — Comme on parle à Gérardmer. — Et nous le sommes autant de pouvoir dire une fois — Que de meilleurs Français il n'est pas.

2. Vous allez certes trouver grossier notre *langage de Gérardmer*. — Mais (il) faut bien penser. Monseigneur, — Que notre sentiment vaut mieux, qu'il est quelque peu plus beau, — Et que notre langue ne vaut pas notre cœur.

3. Il n'est pour l'empereur rien de mieux que nos montagnes. — Il n'est personne, ou ce n'est rien de lui, — Qui en raconte jamais quelque vilaine aventure. — Oh ! dites lui que nous n'aimons rien plus.

4. Toutes les fois qu'il faut des soldats, nous n'avons pas eu un rebelle. — Il ne faut point de gendarmes ici — Pour faire partir au jour tous ceux qu'on appelle : — Ils s'en vont et ne désertent pas.

5. Nous ne sommes pas bien turbulents, vous le pouvez bien savoir ; — Nous n'avons pas deux procès par an. — Nos contributions se paient bien toujours ; — Cette année nous n'avons eu qu'un sergent (huissier).

6. Nous ferons peut-être bien de vous dire pour un plus vous plaire, — Ce que c'est (de ce pays) que ce pays, ce

que c'est — Que notre façon de vivre qui est extraordinaire. — Nous le dirons dans notre langage.

7. Nous demeurons dans les Vosges et dans un lieu fameux. — Où que ce soit, on le sait bien, — Si ce n'était de Gérardmer, peut-être encore quelque peu Nancy, — La Lorraine ne serait certes rien.

8. Si vous voyiez, Monseigneur, tant de pierres, tant de roches, — (Que parmi cela) Parmi lesquels nous sommes épars, — Et si vous nous voyiez faire un fromage ou des poches, — Oh ! vous seriez certes bien étonnée.

9. Nous faisons notre canton, nous n'avons qu'un curé qu'un maire, — Et nous avons treize sections. — Il faut bien plus d'un jour à ceux—là qui voudront faire — Le tour des dernières maisons.

10. Il en est par-ci par—là, tout au moins six cent douze, — Quelques-unes à deux (heures) lieues de loin. — Presque tout partout (c'est certes une bien mauvaise chose) — Le (lieu) terrain est raide et bien mauvais.

11. On en échappe encore bien aisément, dès qu'on est en été. — Mais dans la neige il fait bien mauvais — Revenir, quelque peu chargé, à travers les montées. — Il faut pourtant, plaise on non (plaise).

12. Oh ! certes nous sommes plus de mille et nonante—cinq maîtres ; — C'est huit cent septante-deux toits. — Pour le village il y a trois cent quarante-quatre âtres (feux) ; — C'est deux cent cinquante-six *chéseaux* (maisons).

13. Nous avons trois belles mers et encore beaucoup de *chaumes* — Qui attirent beaucoup de curieux. — Ils y viennent pour chercher des herbes qui sont des baumes, — Et dès qu'ils en ont, ils sont heureux.

14. Les grands, dès qu'il fait chaud, aiment de boire à la glace ; — Ils ont du mal pour la garder. — Et nous, par ici, dans les plus grandes sécheresses, — Nous en avons un gros tas dans un trou.

15. Nous ne sommes certes pas bien loin de quatre mille sept cent têtes ; — Et nous avons, pour vivre tous, — La vaisselle (de bois), la poix et la toile et nos bêtes : — La terre est bien loin de nous nourrir.

16. Et dès qu'il n'est plus de neige, on nettoye les prés, on fume ; — C'est lorsque le mois de mai revient. — Nous sommes fort pressés pour le pré, les essarts ; — Et pour (ouvrer) préparer le bois de l'hiver.

17. La femme a soin du beurre, de l'étable et du lait, — Et nos enfants deviennent extracteurs de poix. — Après que la besogne est faite et qu'on chauffe le fourneau, — Il en est beaucoup qui sont tourneurs.

18. Il en est beaucoup aussi qui ne peuvent que filer leur quenouille ; — Et d'autres travaillent le hêtre — Pour des (souliers) sabots, des boîtes ou quelques autres menus objets. — Ils font tous ce qu'ils peuvent.

19. Il est encore une autre chose de laquelle on s'étonne : — Nos femmes font du salin. — C'est pour ce pays-ci une

chose qui est bien bonne. — La femme a cela pour son *ménage.*

20. Il est de pauvres gens qui toute la journée — Ne font rien que de la charpie. — C'est un moyen de vivre qui n'aura qu'un moment : — Après la guerre on n'en fera plus.

21. Notre endroit est bien connu, surtout pour le fromage. — Nous voudrions vous en présenter, — Comme, dans le vieux temps, nos pères, en leur langage, — Donnaient à leurs princes des sabots.

22. Voulez-vous que nous vous le disions ? Les cuveliers, les fermiers, — qui sont, si nombreux (qu'il en est donc tant) parmi nous, — Ont tous besoin de bois pour leurs vaches, leurs métiers ; — Et c'est de cela qu'ils sont privés.

23. On vend des bois en gros, pour en faire des planches ; — Et voilà d'où vient le mal. — On n'en peut obtenir ni pour corps (de fontaines) ni pour ustensiles. — Il n'est qu'aux riches que cela fait du bien.

24 ; Ils veulent fournir leurs scieries, et nous, pauvres ouvriers, — Nous n'avons rien pour gagner du pain. — Oh ! croyez, Monseigneur, que nous rêvons bien des nuits — Aux moyens de ne pas mourir de faim.

25. Oh ! si vous vouliez détailler à chacun des ouvriers — Des arbres assez pour sa consommation, — Plutôt que de les laisser à des *n'importe-qui* étrangers. — On vivrait bien, on ne (se) plaindrait plus.

NOTES SUR L'ÉPÎTRE.

(Les chiffres romains se rapportent aux N^os des stances.)

I. *E n' î pouè*. Cette troisième personne *î* du présent de l'indicatif du verbe être nous donne lieu à une observation grammaticale très-curieuse. La forme ordinaire, quand le sujet est déterminé, es,t *o*, comme dans la plus grande partie des Vosges : lo léye *o* réle, le lieu est rapide ; el *o* méchan, il est mauvais. Mais quaqd le siijet est indéterminé ou neutre, comme dans le français IL *est des gens*, IL *n'est pas vrai*, cette impersonnalité ne tombe pas sur le pronom comme dans notre langue, en allemand et en anglais, mais sur le verbe qui se transformer ; on dit alors *î* au lieu de *o*. Nous pouvons rapprocher ici cette autre singularité du changement de terminaison d'un verbe : on dit *v'ni*, venez, quand on s'adresse aux personnes et *v'na* quand on parle aux bêtes.

On trouve trois manières d'écrire cette expression impersonnelle, mais avec trois sens différents : *è n' î*, il n'est ; *è 'n î*, il en est ; et *è-n î*, il est, pour *el î*, qui se dit également.

II. *Girômouè* est le nom du village *Girom'héye*, l'adjectif qui en est formé, comme un habitant de *Counimont* (Cornimont) s'appelle un *Coun'héye*.

Au 4e vers, *èn'* est une interversion pour *ne*, comme on verra plus loin *èss'* pour *se*.

IV. La département des Vosges s'est particulièrement distingué dans la révolution par son dévouement à la patrie. Loin d'avoir eu des déserteurs, Gérardmer a fourni, pour le premier départ de volontaires, 104 hommes dont les trois quarts au moins ne sont jamais rentrés.

Ç'o qu'o-z èpelle. « *Nous avons, entre autres lettres* euphoniques, un *z* remarquable, comme dans *on-z-ol ben m ss'nai*, on a bien moissonné. Ce *z* euphonique, que M. Livet (*Moniteur* du 24 février 1854) ne soupçonne guère dans le patois des Fourgs, viendrait de la cour, s'il en fallait croire cet auteur. Mais comme il n'y a pas apparence que nos pères aient plus fréquenté le Louvre aux XIVe siècle que nous ne fréquentons les Tuileries au XIXe, il est bien plus probable qu'alors on disait aux Fourgs et ailleurs, comme à la cour des rois de France : *on-z-a, on-z-ouvre, on-z-ordonne.* C'est là un exemple entre mille de l'utilité de l'étude des patois pour la connaissance plus large et plus approfondie de la langue écrite à laquelle ils se rattachent. » (Le patois des Fourgs, arrondissement de Pontarlier, par J. Tissot, doyen de la Faculté des lettres de Dijon. 1 vol. in-8°, 1865.)

Cette liaison, on le voit, n'est pas le produit d'une *barbarie* locale des montagnards vosgiens. Elle est peut-être aussi vieille que la langue française. On lit encore plus loin, strophe 11, *o-z o chèp' co,* on en échappe encore, strophe 16, *po-z euvrè*, pour travailler, et strophe 23, *po zo fare*, pour en faire.

VII. *Ire*, ancienne forme française de *était*, originaire du latin. La pensée exprimée dans ce passage est devenue proverbiale. Nous ne savons de quelle époque elle date.

VIII. *S'o* pour *si vous*, ellipse très-forte, qui donné bien l'idée de la rapidité de ce langage.

IX. Le canton de Gérardmer, malgré son étendue, n'était composé que de la seule commune de ce nom. On a détaché depuis une des treize sections pour en faire la commune de Liézey.

3e vers. *Vouron*, voudront. Touz ceulx qui *vourront* riens demander. (Joinville). Jà quant il se *vaura* mouvoir. (Roman de Amadas et Idoine, 13e s.)

X. *Tout partout*, locution populaire en Lorraine.

Irai-je *tout partout* sans ma foy parjurer ?

(Chronique de Bertrand Duguesclin, 14e s.)

XI. *Piâ ou non piâ*, vieille expression.

Et je sais bien, *plaise ou non plaise*,
Qu'entre tous housseurs je suis homme.

(Farce d'un ramoneur.)

On disait de même : Veuille ou ne veuille. (Guill. de Machaut, 14e s.)

XII. Il y a dans ce passage et dans les vers qui suivent, une statistique intéressante, où toutefois l'arithmétique, à cause de la rime ou de la mesure sans doute, a reçu une légère entorse. Gérardmer contenait en tout 872 maisons, dont 612 étaient dispersées sur le flanc des collines ou dans la vallée et 236 se groupaient près du lac autour de l'église. Ces deux derniers nombres ne donnent, il est vrai, que 868 ; mais nous ne sommes pas loin de compte, on le voit : la poésie n'est pas une statistique. On appelle *chéseau* (vieux mot français) l'emplacement même où est bâtie une habitation ; mais deux habitations peuvent ne former qu'un *chéseau.* M. Pottier en effet compte 344 âtres ou feux pour les 236 *chéseaux* du village, dont alors 88 au plus possèdent deux feux. Or comme d'après lui il y a environ 1100 chefs de famille, il faut que dans les 612 maisons isolées il y en ait 157 au plus qui aient deux feux.

On remarquera en outre le chiffre de la population : 1095 chefs de famille pour 4,700 têtes. D'après de vieux titres, la population de Gérardmer n'était en 1687 que de 22 pères de famille, soit au plus 150 personnes ; en 1753, elle était montée à environ 2550 ; en 1809 elle est presque doublée, et enfin aujourd'hui elle s'élève à 5921 habitants.

XIII. Les trois belles *mers* sont Gérardmer, Longemer et Retournemer que tous les touristes connaissent aujourd'hui. Le nom de *mer* est bien prétentieux pour des lacs dont le plus grand n'a que 116 hectares de superficie sur une profondeur de 35 mètres ; mais ce n'est pas la faute des habitants si l'écriture les accuse d'orgueil ; ils s'obstinent à prononcer *Gérômé* et *Gérômoué* dès les temps les plus anciens, malgré les statistiques officielles dont l'orthographe déroute souvent les étymologistes. *Gérômé* est la *mé* de *Géraud* ou *Girard*, premier duc d'Alsace. *Géraud*, *Giraud* est encore dans toute la montagne la traduction de *Girard*. Qu'est-ce que la *mé* ? *Mé*, *mey*, *maix* et souvent *mâ* en patois, désigne une terre, une métairie et n'a aucun rapport avec l'idée de *mer*. C'est un mot qui appartient à la langue celtique. Longemer et Retournemer sont des désignations plus modernes calquées sur une orthographe vicieuse.

On appelle *chaumes* les vastes pâturages et prai ries au gazon épais, qui couvrent les hautes montagnes des Vosges. La végétation rabougrie de petits hêtres tordus s'arrêtent sur leurs pentes et forment au front chauve des monts comme une couronne de sombre verdure au-dessus de laquelle s'arrondit leur tête. C'est là que les botanistes et les chercheurs de simples *sont heureux*, comme dit M. Pottier. Parmi les plantes utiles qu'on recueille sur ces hauteurs, il faut surtout citer la gentiane, qui ne sert pas seulement dans les officines médicinales, mais dont l'habitant du pays fait aussi une eau-de-vie délicieuse et stomachique.

El y v'no, ils y viennent. Pas plus que nos aïeux lettrés, nos paysans vosgiens ne font sonner *s* à la fin du pronom *ils* sur la voyelle qui suit. On trouve presque partout dans Joinville *il avoient, il alèrent, il estoient, il attendoient*, etc.

XIV. Il n'y a pas de glaciers dans les Vosges. Ce sont quelques circonstances naturelles qui font que la glace se conserve sous des roches à l'abri du soleil. Telle est la glacière de la vallée de Granges, près de Gérardmer ; elle est là seule qui conserve de la glace en tout temps ou à peu près.

Le curé Pottier emploie quelquefois *nous* pour *je* à la première personne du pluriel. C'est tout à fait contre la grammaire du patois de Gérardmer ; soit besoin de la mesure, soit parce qu'il n'était pas originaire de ce pays, c'est à tort qu'il a contrevenu à la règle.

XV. Parmi les diverses industries de Gérardmer, il y en a trois qui ont fait et qui font encore la fortune du pays, la fabrication de la toile, celle du fromage, et la boissellerie. La première est la plus importante de toutes et produit pour le pays des sommes incroyables. Quant aux fromages dits *Gérômé*, ce n'est pas Gérardmer seul qui les fabri que. M. Vacca[Z] en évalue à 40,000,000 de kilog. pour le seul arrondissement de Remiremont la production annuelle.

« Il existe à Gérardmer une branche d'industrie d'autant plus précieuse pour cette commune que tout est bénéfice de la main-d'œuvre ; c'est la fabrication des cuveaux, de la vaisselle de bois et des boîtes de sapin. Les habitants se livrent pendant l'hiver à ce travail. Ils vendent leurs ouvrages à des négociants du pays qui les répandent dans toute la république. On évalue le produit de ce commerce à 150,000 francs. » (Statistique de l'an X.)

XVII. Après que la besogne d'*été* est faite et qu'on chauffe le fourneau en *hiver*. L'extraction de la poix est ancienne dans les Vosges. Flodoard, au 10ᵉ s., dit que les Vosgiens étaient tenus de fournir à l'église de Reims toute la poix nécessaire à l'entretien des vaisseaux où elle gardait ses vins.

XVIII. Les montagnards qui n'ont pas d'industrie ou qui manquent d'ouvrage, filent leur quenouille comme les femmes. Nous avons vu deux vieillards qui n'avaient pas d'autre moyen de gagner leur vie ; ils filaient à eux deux pour huit sous par jour.

Le mot *bohon*, hêtre, vient de l'allemand *buche*. Il y aurait à relever dans cette épître un certain nombre de mots d'origine allemande. Nous citerons PRÔCHÈ, parler, *sprechen* ; VODIÈ , garder, *warten* ; SPÉNI, privé, *spœnen* (sevrer) ; SEG , scie, scierie, *sœge* ; HOSTOU, vif, turbulent, *hustig* ; DROHÔ, à travers, *durch* (ce dernier terme s'étend jusqu'à Lunéville) ; STÔYE, étable, *stall* ; RÈHE, riche, *reich* ; KEBLAR, cuvelier, *kübel* (cuveau).

XIX. Le salin est le produit brut des cendres de la bruyère, de la fougère, etc., desséchées jusqu'à siccité ; elles sont employées pour faire la soude nécessaire aux verriers. Dans un pays pauvre alors, où la matière première est si abondante, le rapport de cette fabrication était assez considérable. La *Statistique* de l'an X l'évalue à 100,000 fr. Ce salin, vendu à des négociants de Saint-Dié et de Raon-l'Étape, qui le convertissaient en potasse pour les verriers, était d'autant plus recherché que les femmes avaient soin d'en augmenter la force, en arrosant de leurs urines les tas de fougères et de bruyères qu'elles faisaient près de la maison.

XXIII. Les plaintes qu'on trouve à la fin de cette épître sur la difficulté des habitants d'avoir à leur disposition le bois de leurs forêts sont assez naïves. Elles témoignent à la fois de l'ancien régime qui précipitait les forêts à leur ruine, et du nouveau qui, par de bonnes mesures d'ordre, voulait en arrêter la destruction et les régénérer.

Les habitants des Vosges jouissaient du droit illimité d'envoyer leur bétail vain pâturer en tout temps et dans toute l'étendue des forêts, et d'un autre côté les droits d'usage qui leur étaient immodérément accordés pour les bois de chauffage et de construction nécessaire à l'entretien et aux réparations de leurs habitations étaient beaucoup trop multipliés et excédaient la possibilité des forêts (Statistique de l'an X). Aussi les usagers avaient—ils vu réduire leurs droits et, comme dit l'épître, le pauvre, ne pouvant acheter du bois, se trouvait dans la misère ; les étrangers avec leurs scieries enlevaient presque tout et l'ouvrier ne pouvait en avoir assez pour son *défruit,* sa jouissance personnelle.

Ne po cô, ne po mainche. L'emploi de la négation *ne* que nous disons *ni* aujourd'hui est des plus anciens. Molière est peut-être le dernier qui s'en soit servi, et encore le met-il dans la bouche d'un pédant : *ne* plus *ne* moins que la statue de Memnon, dit le jeune Diafoirus.

1

Madame Joséphin', not' impériatrice,
    Que la France préhe [8] don tari,
Qu'o vo di [9] bé-n aimée et bône protectrice,
    J'vos aimo inoq les aut' gens.

2

Po l'empereur, po vo, ré n'o mè qu' neu montaine.
(Le reste de la stance comme la 3ᵉ de l'épître).

3

Vos ollè cét' trovè grossi not' Girom'héye ;
    Mâ vot' Majesté pos'rè bé [10]
Q'not' sentimo vau mè, qu'el o quéq' peu pi béye [11]
    Que not' longue èn' vau mi l'idé.

4

Vos o dné in chèplo [12] è en' de neu béyessse.
    Nos o-n on bé préhi l'honneur,
Et ço qu'el vos è di, tertote lè poroisse
    Lo posse [13] et l'è pri dô not' cœur.

Après ces quatre premières stances vient le reste de l'épître que nous avons donnée plus haut, avec quelques transpositions ; puis l'auteur ajoute ce compliment, qui fait que la pièce se termine comme la femme d'Horace, *turpiter atrum desinit in piscem*, sans rime, ni mesure, ni raison correspondant au morceau si complet par lui-même :

Vot' Majesté è vi q' not' longue o bé grossire ;
　　Mâ s'el voiyo not' sentimo,
El voro que j'son fran, que j'èn' féyo pouè d'chire, [14]

　　　Que son amour o dô not' cœur
　　　Inoq el o dô not' proch'mo ;
　　　Que j' sévo séti lo bonheur
　　　Q'lé France è d'oou [15] pou mâtrosse
　　　En' gen si dign' de l'empereur.
O ! nou préyo bé Déy qu'è lo dnesse èn' gran vie,
　　　Po to net échirie [16]
Lo bé qu'el on jo fâ, q'èl è-z è tan cotè.
　　　J'èré pichi moèri [17]
Po lèchie ë-z effan lè gran félicité
　　　Qu'è vio lo-z y fàre veni.
　　　Nou préyo Déy que lè santè
　　　De tertote èn' si bôn' famille
　　　Diress' bon' pèç' [18] po lè prospérité
　　　Dé nation q'o r'civo lou bonheur,
Et qu'è séss' dô lo cil inoque dô neu cœur.

FIN

1. ↑ Cela nous parait d'autant plus vrai que la STATISTIQUE DES VOSGES par le citoyen Desgouttes, préfet, ne consacre que dix lignes à cette commune.

2. ↑ La traduction envoyée par M. Richard à la Société des antiquaires n'est point la même ; elle est d'un patois presque illisible. Celle du curé Pottier a été publiée par nous pour la première fois dans notre Coup d'œil sur les patois vosgiens.

3. ↑ Les manuscrits se sont perdus. Ceux que nous possédons, nous les devons à l'obligeance de M. l'abbé Maingon, aujourd'hui curé à Mandray (Vosges), qui les tient de la succession de M. Pottier.

4. ↑ Elle n'est citée par aucun bibliographe ou philologue.

5. ↑ Nous citerons entre autres celle-ci, qui du reste est la plus forte : « Nos femmes font du satin ; c'est pour ce pays-ci une fort bonne chose. » Il faut lire *salin*.

6. ↑ Cette épître avec la notice et les notes a paru dans les Mémoires de la Société d'archéologie Lorraine, année 1865. Dans cette réimpression, l'auteur a corrigé quelques fautes matérielles et ajouté de nouvelles notes.

7. ↑ Fabrication des fromages de Géromé, *Journal d'agriculture pratique*, 1864.

8. ↑ Aime.

9. ↑ Qu'on vous dit.

10. ↑ Pensera bien.

11. ↑ Que notre sentiment vaut mieux, qu'il est quelque peu plus beau, que notre langue ne vaut pas l'idée.

12. ↑ Chapelet.

13. ↑ Le pense.

14. ↑ Point de cérémonie.

15. ↑ D'avoir pour maîtresse.

16. ↑ Pour assurer tout net le bien qu'ils ont déjà fait, qui leur en a tant coûté.

17. ↑ J'aurais préféré mourir pour laisser aux enfants.

18. ↑ Dure bonne pièce (longtemps) pour la prospérité des nations qui en reçoivent leur bonheur et qu'ils soient dans le ciel comme dans notre cœur.